coleção primeiros passos 309

François Laplantine
Liana Trindade

O QUE É IMAGINÁRIO

editora brasiliense

copyright © by François Laplantine e Liana Trindade, 1996
Nenhuma parte desta publicação pode ser gravada,
armazenada em sistemas eletrônicos, fotocopiada,
reproduzida por meios mecânicos ou outros quaisquer
sem autorização prévia do editor.

Primeira edição, 1996
2ª reimpressão, 2017

Diretora Editorial: *Maria Teresa B. de Lima*
Editor: *Max Welcman*
Coordenação de Produção: *Laidi Alberti*
Diagramação: *Formato*
Capa: *Ricardo de Krishna*

Dados Internacionais de Catalogação na Publicação (CIP)
(Câmara Brasileira do Livro, SP, Brasil)

Trindade. Liana Sálvia. 1941-
    O que é imaginário / liana Trindade, François Laplantine. --
São Paulo; Brasiliense, 1997. -- Coleção Primeiros Passos; n. 309).

Bibliografia
ISBN 85-11-00026-7

1. Ciências sociais - Filosofia 2. Ideologia
3. Imagem (Filosofia) 4. Realidade 5. Simbolismo
I. Laplantine, François. II. Título. III. Série.

96-3189   CDD-300.1

Índices para catálogo sistemático:
1. Imaginário: Filosofia social   300.1

Editora Brasiliense
Rua Antonio de Barros, 1720
03401-001 – São Paulo – SP
www.editorabrasiliense.com.br

ÍNDICE

Introdução 7
I. A imagem, a ideia, o símbolo 10
II. O imaginário, a ideologia e a ilusão. 21
III.O profetismo, a possessão e a utopia 35
IV. O imaginário em liberdade 45
V. Compreender e sonhar 55
VI. O realismo mágico 58
VII. Existe um imaginário científico? 72
Conclusão 78
Indicações para leitura 82

INTRODUÇÃO

Vivemos na atualidade a busca de novos caminhos que possam conduzir à compreensão e à superação da realidade. A imaginação tornou-se o caminho possível que nos permite não apenas atingir o real, como também vislumbrar as coisas que possam vir a tornar-se realidade.

Embora as sociedades ocidentais tenham, nas últimas décadas, privilegiado as imagens como forma de conhecimento e de comunicação social, esse fenômeno que utiliza as imagens televisivas ou computadorizadas não trouxe consigo a emergência de um imaginário mais rico ou complexo. As imagens padronizadas não conseguiram construir, através de seus recursos simbólicos, qualquer universo do imaginário social que pudesse superar as antigas narrativas orais, o teatro das ruas e os rituais sagrados e profanos que fizeram parte durante séculos da composição do imaginário social.

Porém, o imaginário não foi derrotado no confronto com a racionalidade das imagens massificadas, produzidas para o consumo fácil, encontrando-se presente cada vez mais nas fantasias, e projetos, nas idealizações dos indivíduos e em outras expressões simbólicas, religiosas ou leigas, que traduzem e constroem as suas emoções em um novo contexto imaginativo.

Neste trabalho, indicaremos inicialmente os principais conceitos extraídos de diversas teorias sociais e filosóficas sobre símbolos, imagens e imaginário. Destacaremos as distinções conceituais significativas encontradas entre ideologia, imaginário e símbolo, os quais consideramos como categorias distintas, embora alguns autores queiram torná-las coincidentes. Trataremos também dos símbolos configurados na construção dos deuses e analisaremos os gêneros do imaginário como o extraordinário, o maravilhoso e o fantástico na literatura.

Nos capítulos finais, examinaremos as expressões e gêneros do imaginário enquanto processo de produção de conhecimento, interpretação, reflexão e desejo, que antecipa a realização de um projeto social, profético ou utópico.

O imaginário em liberdade, que rompe os limites do real, consiste na explosão que propicia o início de uma nova época ou apenas o tempo efêmero e extraordinário de uma festa; questões que serão abordadas no decurso de nossas análises.

A IMAGEM, A IDEIA, O SÍMBOLO

Imagens são construções baseadas nas informações obtidas pelas experiências visuais anteriores. Nós produzimos imagens porque as informações envolvidas em nosso pensamento são sempre de natureza perceptiva.

Imagens não são coisas concretas, mas são criadas como parte do ato de pensar. Assim a imagem que temos de um objeto não é o próprio objeto, mas uma faceta do que nós sabemos sobre esse objeto externo.

Não concebemos as imagens como passivas, pois de qualquer maneira constituem-se a forma como, em momentos diversos, percebemos a vida social, a natureza e as pessoas que nos circundam: construídas no universo mental, superpõem-se, alteram-se, transformam-se.

Por exemplo, a imagem que fazemos de uma pessoa que conhecemos na atualidade ou no passado de nossa existência, não corresponde ao que ela é para si, ou para outrem que também a tenha conhecido, pois sempre é uma imagem marcada pelos sentimentos e experiências que tivemos em relação a ela. Atribuímos a essa pessoa qualidades físicas ou morais que, embora ela possa em parte possuir, são aumentadas ou denegridas, mutáveis, transformadas e plenas de significados que lhe fornecemos no percurso de nossas experiências e lembranças vividas e concebidas nos encontros e desencontros que com ela estabelecemos.

Qual é, portanto, a realidade dessa pessoa ou dos objetos sociais e naturais (físicos) que nos circundam? A realidade consiste no fato de que essa pessoa, os objetos sociais (outras pessoas) e o mundo da natureza existem em si mesmos, independentes da nossa presença e dos significados que atribuímos a todos eles. Os objetos existem no mundo da sociedade e da natureza com características físicas e sociais específicas, definidas pelas suas experiências históricas, pelas condições ecológicas e pelos seus contextos socioculturais.

Essa existência em si mesma, das coisas e dos homens, faz com que a realidade seja algo dado a ser percebido e interpretado. Por outro lado, a realidade, como ambiente social e natural que se faz presente em sua concretude independentemente da nossa percepção, difere do real.

O real é a interpretação que os homens atribuem à realidade. O real existe a partir das ideias, dos signos e dos símbolos que são atribuídos à realidade percebida.

As ideias são representações mentais de coisas concretas ou abstratas. Essas representações nem sempre são símbolos, pois como as imagens podem ser apenas sinais ou signos de referência, as representações aparecem referidas aos dados concretos da realidade percebida.

Quando, por exemplo, queremos localizar um determinado endereço, podemos nos orientar através de imagens (ícones), como ruas e estabelecimentos comerciais que anteriormente conhecemos, para nortear a nossa busca. Nesse caso, as imagens mentais são apenas pontos referenciais sem significado, a não ser aquele do qual nos servimos para mentalmente vislumbrar o caminho a ser futuramente seguido.

Charles S. Peirce define o ícone — termo também utilizado como sinônimo das imagens sagradas bizantinas — como imagem mental ou concreta caracterizada por uma relação de união com o referente. Segundo essa definição, ícone é um signo determinado pelo seu objeto, em virtude de sua natureza interna.

Ainda segundo Peirce, a imagem como ícone difere e se opõe ao símbolo, à medida que o símbolo é convencional, enquanto a imagem não o é, devido à sua identidade com o objeto. Nessa perspectiva, o autor define símbolo como um signo que é determinado pelo seu objeto dinâmico somente no contexto em que ele é interpretado (*Dictionaire encyclopédique des sciences du language*, página 115).

O caráter convencional coloca o símbolo no interior do funcionamento social com todas as suas ambiguidades, seu caráter sincrético, polissemântico, que caracterizam o movimento unitário e afetivo de todos os indivíduos de uma cultura sobre uma mesma figura sintética.

O que interessa mais à metodologia estrutural, seja essa análise antropológica (Lévi-Strauss), psicanalítica (Jacques Lacan) ou semiótica, é o caráter substitutivo, convencional ou relacional do símbolo. Nesse caso, o símbolo prevalece sobre a imagem, à medida que, enquanto a imagem está mais diretamente identificada ao seu objeto referente — embora não seja a sua reprodução, mas a representação do objeto —, o símbolo ultrapassa o seu referente e contém, através de seus estímulos afetivos, meios para agir, mobilizar os homens e atuar segundo suas próprias regras normativas (relacional ou de substituição).

Tanto a imagem como o símbolo constituem representações. Essas não significam substituições puras dos objetos apresentados na percepção, mas são, antes, reapresentações, ou seja, a apresentação do objeto percebido de outra forma, atribuindo-lhe significados diferentes, mas sempre limitados pelo próprio objeto que é dado a perceber. É necessário examinar a natureza mesma da relação social na qual a representação, como imagem ou símbolo, irá atuar.

Assim, por exemplo, a raposa não é sistematicamente o símbolo da astúcia. Ela pode ser simplesmente um animal astuto. O fato de ser culturalmente considerada como um animal astuto constitui um símbolo, uma convenção ou um atributo que esse animal adquire, fornecido por determinados grupos.

Os homens, através de suas experiências sociais com esse animal, notadamente os caçadores, ao perceber a sua agilidade, a sua dificuldade em aprisioná-la, as artimanhas de suas fugas e esconderijos, logo passam a atribuir o significado de astúcia à raposa, em oposição a outros animais que não possuam essas propriedades. Essa maneira de nomear o mundo atribuindo-lhe qualidades é diversa das representações simbólicas. O símbolo é um sistema que não substitui qualquer sentido, mas pode efetivamente conter uma pluralidade de interpretações.

A cruz significa o Cristo. Ela não o substitui, mas é uma parcela dele, ou seja, é o Cristo que se significa na cruz e não o inverso. Em termos linguísticos e da questão do todo reapresentado na parte, Cristo está inteiramente presente nesse objeto. Assim também, o machado de Xangô faz presente para os seus adeptos a divindade Xangô. Essa divindade está no machado.

Segundo a concepção dos adeptos, a imagem da divindade ou os seus ornamentos e relíquias são interpretados como a presença dessa divindade no convívio dos homens. É nesse sentido que todos os objetos sacralizados, as relíquias adoradas pelos católicos, assim como tudo aquilo que é designado pelo termo fetiche nas sociedades primitivas, consistem na consubstanciação das entidades míticas e não somente em alegorias.

Os recursos da linguagem, como a metáfora e a metonímia utilizadas nas expressões poéticas e nas religiosas, não são apenas estruturas formais de discursos ou substituições de uma situação ou objeto da realidade estabelecida, seja em tempos passados ou presentes, por uma situação sacralizada (ritual) ou pela divindade, mas são também a reatualização dessa situação ou objeto. Em outros termos, a epifania, que significa a manifestação do sagrado, é efetuada através de orações, encantamentos, imagens materiais e relíquias.

Tudo depende em definitivo da natureza do reconhecimento ou da identificação, ou seja, da intencionalidade dos atores em uma dada situação sociocultural, no interior da qual as imagens operam.

Esses conceitos encontram-se presentes nas metodologias e hermenêuticas (teorias das interpretações) fenomenológicas e cognitivas, quando o enfoque é dado nos significados que os homens, ao nível consciente de suas motivações, interesses e intenções, atribuem às imagens mentais ou concretas. Os homens atribuem significados aos objetos. A ideia como representação mental de uma coisa concreta ou abstrata é considerada como o elemento consciente do universo simbólico.

Essa abordagem sobre os conceitos difere da escola antropológica e filosófica substancialista, representada por Gilbert Durand, Paul Ricoeur e Mircea Eliade, e também da psicologia analítica de C. G. Jung. As teorias substancialistas constituem a continuidade da tradição neoplatônica, nas quais a ideia é mais difícil, a menos verbalizável do universo simbólico. Segundo a perspectiva neoplatônica, as imagens e o imaginário são sinônimos do simbólico, pois as imagens são formas que contêm sentidos afetivos universais ou arquetípicos, cujas explicações remetem a estruturas do inconsciente (Jung, Campbell), ou mesmo às estruturas biopsíquicas e sociais da espécie humana (Durand). Embora considerem que o nível consciente emerge do inconsciente, as especificidades históricas e socioculturais estão relegadas a um segundo plano da análise. Em consequência, as imagens e a sua dinâmica, o imaginário, são identificadas aos símbolos. Os símbolos dão o que falar, escreve Paul Ricoeur, à medida que neles existem os mesmos sentidos que os homens irão redescobrir. Sendo o inconsciente depositário dos significados, cabe aos homens a descoberta de sua revelação através das formas em que essas imagens se expressam e se manifestam. Toda imagem é, portanto, uma epifania, uma manifestação do sagrado. Consequentemente, toda e qualquer imagem, ao mesmo tempo produto e produtora do imaginário, passa a ter o caráter de sagrado, devido à sua universalidade e à sua emergência do inconsciente.

Nesses teóricos, a indiferenciação conceitual entre imagens e símbolos encontra bloqueios analíticos que conduzem aos impedimentos no conhecimento das diferentes culturas que passam a ser reduzidas à universalidade de seus fenômenos sociais. Os agentes das construções míticas tornam-se impessoais e a-históricos. Esses teóricos relegam, portanto, a um segundo plano a diversidade de sentido existente no imaginário das diferentes culturas.

A análise fundamentada na psicologia analítica de Jung e, de maneira diferenciada, o estruturalismo partem da premissa do inconsciente coletivo — e não dos homens — como doador de significados em situações históricas e culturais definidas e como fornecedor de significados ao universo em que vive e concebe.

Quando o símbolo é constitutivo de todo fenômeno e as imagens são, portanto, símbolos recorrentes e redundantes, o novo e o diverso adquirem sempre o mesmo sentido de eterno retorno às origens do pensamento único da espécie humana.

Como Mircea Eliade, Durand acredita encontrar a permanência dos símbolos arquetípicos na modernidade das sociedades industriais contemporâneas. Nessas sociedades modernas, subsiste a continuidade das grandes imagens míticas nos objetos mais comuns do cotidiano, como os deuses do Olimpo grego. Por exemplo, o objeto de limpeza desinfetante de amoníaco Ajax não é senão o simples substituto do sonho de Ícaro ou o Deus do vulcão (Ajax). As colunas centrais das residências ou ruas são os eixos do mundo que verticalizam a comunicação entre a terra e o cosmo. Os locais geográficos, como o centro originário de qualquer cidade, constituem, sem que os próprios construtores saibam de forma consciente, o ponto de origem que repete e reproduz as direções percorridas pela humanidade e para onde convergem em sua busca de retorno à sua origem primordial.

Os astros de cinema seriam os deuses do Olimpo contemporâneo. Se a ideia de aspirações e sentimentos comuns exprime-se através de uma imagem ou figura, essa imagem desempenha o papel de significante, como esquema indutor, contínuo, podendo emergir em qualquer sociedade, não importando a sua história.

Para Durand, fundamentando-se em Jung, a matéria primeira, ou seja, a imagem (*Bild* na etimologia alemã), está contida no inconsciente do qual emana o sentido (*sinn*). Nesses termos, o símbolo (*sinn Bíld*) é unificado a partir de pares opostos (consciente e inconsciente, sentido e imagem) e permite, fora da língua, o sentido de existir. Dado o seu caráter sincrético, o símbolo, para os autores de tradição neoplatônica, fala por si mesmo e conduz os homens à reminiscência de um sentido primordial que é constitutivo da imagem simbólica. Examinaremos, nesses esboços, as duas grandes correntes do pensamento filosófico e antropológico e as suas cisões conceituais.

Em resumo, de um lado encontramos as diferentes teorias funcionalistas, estruturalistas, hermenêuticas, fenomenológicas e cognitivistas que enfatizam o nível consciente sobre o inconsciente e nas quais imagem, imaginário e símbolo diferem segundo as relações que estabelecem entre os termos, e não segundo as substituições. E, nas quais, ainda, os símbolos são esquemas de ações intencionais produzidas nas interações entre os homens em uma dada situação social ou no interior do texto de um discurso. De outro lado, imaginário e símbolo são sinônimos que emergem do inconsciente universal, doador de significados e, ao mesmo tempo, irredutível aos significados históricos e culturais que os homens atribuem a esses símbolos.

A psicanálise freudiana, embora também fundamentada na noção de inconsciente, considera os símbolos e o imaginário a partir dos significados contidos na história individual e coletiva. Os indivíduos produzem seus sonhos coletivos (mitos) e sonhos pessoais utilizando imagens que são registros transfigurados e sublimados de suas experiências individuais. A partir dessas considerações teóricas, examinaremos de forma mais específica as características e os significados do imaginário.

O IMAGINÁRIO, A IDEOLOGIA E A ILUSÃO

Estabelecemos como premissa inicial que, ao contrário das filiações neoplatônicas, notadamente aquelas das quais provém a psicologia analítica junguiana, existem diferenciações e relações entre o símbolo e o imaginário.

O simbólico comporta um componente racional real e representa o real ou tudo aquilo que é indispensável para os homens agirem ou pensarem.

O simbólico se faz presente em toda a vida social, na situação familiar, econômica, religiosa, política, etc. Embora não esgotem todas as experiências sociais, pois em muitos casos essas são regidas por signos, os símbolos mobilizam de maneira afetiva as ações humanas e legitimam essas ações. A vida social é impossível, portanto, fora de uma rede simbólica.

Enquanto os signos estão diretamente referidos aos objetos, formas, imagens concretas ou abstratas que apontam para uma direção única e conhecida, os símbolos são polissemânticos e polivalentes, aparando-se também no referencial significante que lhes propicia os sentidos, os quais contêm significações afetivas e são mobilizadores dos comportamentos sociais. A eficácia dos símbolos consiste nesse caráter mobilizador e promotor das experiências cotidianas: os símbolos permitem a cura de doenças psicossomáticas e fazem emergir emoções como raiva, violência, nostalgia e euforia.

Quando juramos perante a bandeira nacional ou rasgamos em protesto essa mesma bandeira, manifestamos os sentimentos de respeito ou revolta em relação à pátria e, conforme esses nossos atos, seremos, pelos nossos compatriotas, reconhecidos como cidadãos ou banidos por eles.

Encontramos no simbólico um sistema de valores subjacentes, históricos ou ideais referidos aos objetos ou instituições consideradas.

As instituições sociais não se reduzem ao simbólico, mas podem existir apenas no simbólico. Cada organização da vida social é constituída por uma rede simbólica: o título de propriedade é o signo do direito de posse dessa propriedade, da mesma forma que a folha de pagamento é o signo do direito do assalariado receber uma quantidade estabelecida em dinheiro pelo seu trabalho. Na instituição de ensino, em uma sala de aula, o espaço existente entre a mesa do professor e as cadeiras dos alunos marca simbolicamente a autoridade, o afastamento diferenciado do mestre em relação a seus alunos. Esse não é apenas um signo do poder hierárquico, mas é simbólico à medida que evoca os sentimentos de dominação, autoritarismo, crença na superioridade de um saber sobre os demais e nas normas reguladoras da obediência, da aceitação e do afastamento dos alunos em relação ao professor.

As experiências cotidianas, e não apenas as religiosas, são permeadas por ritos. As homenagens a fatos históricos e míticos, os aniversários, velórios, cortejos fúnebres, casamentos e batizados religiosos são rituais de reatualização dos acontecimentos passados e de passagem de uma etapa da existência humana para outra.

Esses rituais diferem das simples cerimônias à medida que marcam em suas *performances*, as atitudes, sentimentos e mudanças significativas na vida social dos homens. Essas marcas de comportamentos e os sentimentos de continuidade ou de mudança no cotidiano, que são significativas para os participantes, são vividos e concebidos através dos símbolos contidos nesses rituais.

O imaginário, como mobilizador e evocador de imagens, utiliza o simbólico para exprimir-se e existir e, por sua vez, o simbólico pressupõe a capacidade imaginária.

A instituição, conforme assinala Castoriadis, é uma rede simbólica definida socialmente, que contém os componentes organizador e do imaginário.

O conceito de imaginário em Karl Marx explica, através da noção de alienação, a autonomia das instituições econômicas ou religiosas como produtos independentes das ações humanas, expressando as contradições reais entre o produtor e o produto que passa a ser reificado. O imaginário seria, então, a solução fantasiosa das contradições reais.

Portanto, o imaginário fornece à instituição o seu caráter de autonomia em relação à sociedade e aos homens que produzem. Porém, é esse atributo de autonomia da instituição que permite a continuidade de sua existência. Conforme faz notar Lukács, a consciência dos capitalistas, ao mitificarem as relações reais dos homens com o produto ou instituição por eles produzidos, é a condição do funcionamento adequado da economia capitalista. As leis só podem se realizar utilizando as ilusões dos indivíduos.

O imaginário, portanto, de maneira geral, é a faculdade originária de pôr ou dar-se, sob a forma de apresentação de uma coisa, ou fazer aparecer uma imagem e uma relação que não são dadas diretamente na percepção. Ao contrário de Castoriadis, que afirma ser o imaginário a capacidade de "produzir" uma imagem que não é e nunca foi dada na percepção, consideramos que a imagem é formada a partir de um apoio real na percepção, mas que no imaginário o estímulo perceptual é transfigurado e deslocado, criando novas relações inexistentes no real.

O imaginário faz parte da representação como tradução mental de uma realidade exterior percebida, mas apenas ocupa uma fração do campo da representação, à medida que ultrapassa um processo mental que vai além da representação intelectual ou cognitiva.

A representação imaginária está carregada de afetividade e de emoções criadoras e poéticas. A diferença entre o imaginário e a ideologia é que, embora ambos façam parte do domínio das representações referidas ao processo de abstração, a ideologia está investida por uma concepção de mundo que, ao pretender impor à representação um sentido definido, perverte tanto o real material quanto esse outro real perverte o imaginário.

A ideologia é uma espécie de astúcia, uma justificação ou imposição do vivido, aceito como tal. Como elaboração secundária do imaginário, constitui-se come um pensamento selvagem (conforme os significados definidos por Lévi-Strauss), mas pervertido. Quando, por exemplo, o clero medieval expressa a estrutura da sociedade terrestre através das insígnias do poder real e pontifical, não apenas descreve a existência da sociedade em si mesma, mas destaca através das imagens, como a de suas espadas, a hierarquia do poder espiritual sobre o temporal; impõe, à sociedade representada, símbolos destinados a separar os clérigos dos leigos e a estabelecer entre eles a superioridade dos primeiros sobre os demais: a espada espiritual é superior à espada temporal.

Embora as representações artísticas na pintura utilizem o material do imaginário, existem, como no caso das obras religiosas, imagens do inferno punitivo, das almas penadas e do céu iluminado e beatificante, com o propósito de combater os vícios em nome da ideologia cristã.

Encontra-se na ideologia, como no imaginário, uma filiação no real, mas no imaginário não há uma imposição de sentidos na representação do social, dirigida a interesses de grupos ou classes sociais. Conforme formula G. Bachelard em *O ar e os sonhos*, um ser privado da função do irreal é um neurótico, tanto como o ser privado da função do real (página 7). Bachelard examina nessa obra a imanência do imaginário no real e o trajeto contínuo do real ao imaginário.

Para construir o processo do imaginário é preciso mobilizar as imagens primeiras, como dos homens, cidades, animais e flores conhecidas, libertar-se delas e modificá-las. Como processo criador, o imaginário reconstrói ou transforma o real. Não se trata, contudo, da modificação da realidade, que consiste no fato físico em si mesmo, como a trajetória natural dos astros, mas trata-se do real que constitui a representação, ou seja, a tradução mental dessa realidade exterior.

O imaginário, ao libertar-se do real que são as imagens primeiras pode inventar, fingir, improvisar, estabelecer correlações entre os objetos de maneira improvável e sintetizar ou fundir essas imagens.

O processo do imaginário constitui-se da relação entre o sujeito e o objeto que percorre desde o real, que aparece ao sujeito figurado em imagens, até a representação possível do real. Esse possível real consiste na potencialidade, no conjunto de todas as condições contidas virtualmente em algo. Nesse sentido, o imaginário não apenas previne situações futuras, como em sua atividade antecipatória orienta-se para um porvir não suspeitado, não previsto. A determinação deste futuro virtual é acometida por uma imaginação transgressora do presente dirigida à consecução de um possível não realizável no presente, mas que pode vir a ser real no futuro.

Júlio Verne transgrediu através do imaginário as possibilidades técnicas de seu século e construiu o possível real do futuro: o submarino ou a viagem aérea que permite conhecer o mundo em oitenta dias.

Em suma, o imaginário não é a negação total do real, mas apoia-se no real para transfigurá-lo e deslocá-lo, criando novas relações no aparente real. A negação do real, na qual está contida a concepção de loucura e ilusão, não tem nada a ver com o conceito de imaginário, pois encontram-se no imaginário, mesmo através da transfiguração do real, componentes que possibilitam aos homens a identificação e a percepção do universo real.

Para ilustrar e apoiar essa tese, encontramos no herói universal dom Quixote o paradigma exemplar da diferenciação entre ilusão, loucura e imaginário. Miguel de Cervantes destaca no início de sua obra *Dom Quixote* que o personagem vive o imaginário de uma época passada, o período medieval. A imaginação do herói é plena de tudo aquilo que ele havia lido nos livros de cavalaria: encantamentos, querelas, desafios, batalhas, amor cortês e extravagâncias impossíveis, que faziam parte dos códigos do conhecimento e do *ethos* medieval. Porém, dom Quixote não apenas sonha, ele vive o real do cotidiano, mas o interpreta através dos códigos de uma concepção de mundo historicamente superada. Na sua imaginação, a nobre donzela, para a qual dedica o seu amor cortês, é encantada pelo feiticeiro que a transforma em uma mulher do povo, sendo encontrada na taverna. Ele luta contra o moinho de vento que lhe aparece através da percepção real com a aparência

O que é imaginário

mesma de moinho, mas que em sua essência trata-se de um dragão transformado em moinho.

A decadência final do herói ocorre quando se instaura a ambiguidade de discursos, em que os outros personagens entram no jogo do imaginário sem o conhecimento prévio das suas regras e dos códigos do discurso medieval. Estabelecem a confusão e a ilusão quando afirmam ter visso Dulcinéia vestida como nobre e não encantada, ou ainda, ter vivido no céu ou visto o dragão encantado.

Nessa fase final do romance, instaura-se o domínio do ilusório que conduz à decadência e à morte do herói. O ilusório opõe-se ao imaginário e conduz à degradação da imaginação e do real.

A ilusão caracteriza-se essencialmente pela imprecisão, ambiguidade, confusão de discursos, perda da lógica interna do imaginário, codificado através da coerência de um discurso prático e do jogo de deslocamentos e transfigurações, que tem como fundamento último o real de um passado ou de um futuro.

Existe a ilusão quando o objeto do desejo é indefinido ou quando é negado qualquer objeto preciso que faça parte do domínio do real ou do imaginário contextualizado.

O exemplo de um imaginário ilusório ou impreciso nos é fornecido pela heroína de Gustave Flaubert, madame Bovary, cujos sonhos não estão apenas na constituição de um mundo imaginário, mas no incessante repúdio a toda a realidade precisa e tangível. Essa imaginação ilusória, que contraria qualquer forma de realidade pensada, é sempre vaga, fluida, indefinida e intraduzível, não constituindo o imaginário propriamente dito.

O imaginário literário e artístico: a ficção, o maravilhoso e o fantástico

Se existe um gênero literário, e mais geralmente artístico, que possa ser qualificado de maravilhoso (literalmente, aquilo que nos torna maravilhados), ele pode ser localizado:

— Seja nas sociedades tradicionais (ou nas camadas tradicionais da nossa sociedade) que inventaram o que se chama de contos populares — que apresentam rainhas e reis, fadas, coelhos brancos, demônios, duendes e dragões em florestas ou castelos;

— Seja nas sociedades contemporâneas sob a forma de um mundo ao contrário, quer dizer, do contrário daquilo que vivemos, no que é preciso chamar, por falta de uma expressão melhor, de realidade.

O maravilhoso é a face noturna da existência, é o universo do sonho e da magia que procedam ambos a transformações e metamorfoses (a alquimia das coisas e dos seres) que seriam absolutamente impossíveis na vida cotidiana.

O melhor exemplo me parece ser o de *Alice no país das maravilhas*, de Lewis Carroll. Alice cresce, cresce, "mede agora mais de dois metros e setenta e cinco". Ela deixa rolar "hectolitros de lágrimas" nas quais ela tem medo de se afogar. Depois ela encolhe, "não mede mais do que oito centímetros". O que ela vive é um conto de fadas: o rei e a rainha de copas são cartas de baralho que voam pelos ares. Um grande bicho-de-seda azul ordena-lhe que recite o poema "Estais velho, pai William"... Não há mais nenhuma sequencia causal que nos permita prever o que vai acontecer. O espaço é um espaço fora do espaço, e o tempo, um tempo fora do tempo, isso é, um tempo mítico. Lewis Carroll: "aconteceu semana que vem".

Da *Viagem de Gulliver* de Swift ao *Senhor dos anéis* de Tolkien, passando por *Alice* e *Do outro lado do espelho* de Lewis Carroll, é relativamente fácil identificarmos essa forma de imaginário. Estamos frente a narrativas homogêneas, histórias que aqueles que detestam o maravilhoso qualificam em geral de "sobrenaturais ou absurdas, mas formadas por uma continuidade de significações e tendo sua própria coerência. Aquele que lê ou escuta essas histórias — já que se trata muitas vezes de tradições orais — adere totalmente àquilo que lê ou escuta, pelo menos durante o tempo da leitura ou da audição. Não põe em questão o que está escrito ou o que está sendo contado. Como escreve Jean-Paul Sartre, "se estou invertido em um mundo invertido, tudo me parece direito".

O fantástico, ao contrário do maravilhoso, supõe por um lado a intrusão de um elemento desconcertante na trama da vida cotidiana acordada, e por outro uma suspensão do julgamento, quer dizer uma hesitação sobre o que acabou de acontecer.

Um ser humano que vivia uma vida tranquila desaparece de um dia para o outro e não é encontrado. Um vidente prevê um tremor de terra ou um incêndio, e sua previsão se revela exata. Anuncia-se na televisão que discos voadores foram vistos por várias testemunhas dignas de fé. No universo racional no qual nós fomos educados desde a primeira infância, esses fenômenos são acontecimentos estranhos, ou mesmo estrangeiros, que não parecem obedecer às leis naturais que regem a explicação do mundo. O fantástico é a intrusão incrível de um domínio no outro, "um escândalo, uma ruptura", como escreve Roger Caillois, "uma irrupção insólita, muitas vezes insuportável, no mundo real".

Aliás, o fantástico supõe uma incerteza entre duas formas de explicação: uma explicação em termos de alucinação, individual ou coletiva, de ilusão da imaginação ou mesmo da loucura dos homens; uma explicação que confirma a realidade do acontecimento estranho que não pode encontrar explicação dentro dos padrões conhecidos. Ora, essa incerteza, tanto para o herói (real ou fictício) como para o leitor, não poderá nunca ser elucidada, a não ser pela própria saída do fantástico, seja em direção ao maravilhoso, seja em direção à ciência. Enquanto o imaginário do maravilhoso se situa deliberadamente no interior do sobrenatural, vive — ou cria — um mundo encantado ao qual aderimos, o fantástico supõe, como mostra bem Todorov, uma oscilação e uma hesitação sem fim entre o real e o sobrenatural, entre o que diz respeito a fenômenos naturais, logo físicos, que podem ou poderão "um dia ser explicados", e hipóteses metafísicas.

A literatura fantástica é o gênero por excelência da modernidade. Surge no século XIX, particularmente no romantismo da França e da Alemanha, triunfa no continente americano, continente da modernidade (ou pelo menos dos movimentos "modernistas"), ao norte com Edgar Poe e ao sul, na Argentina, com escritores como Borges, Cortázar e Bioy Casares. Ao conto maravilhoso se opõe a novela fantástica, o romance policial, a história ou o filme de ficção científica. São gêneros urbanos por excelência, que se desenrolam não mais na floresta, mas na cidade e, sobretudo, na cidade grande (particularmente Buenos Aires).

Enfim, não nos parece possível falar do fantástico sem sublinhar a influência do escritor maior da modernidade: Franz Kafka, que, entre os primeiros, aboliu no Ocidente as fronteiras entre o sonho e a realidade, e criou no leitor uma perplexidade e um espanto permanentes.

O PROFETISMO, A POSSESSÃO E A UTOPIA

O profeta é aquele que anuncia o messias e o messianismo. Trata-se de um movimento social em que as pessoas, em torno do profeta, seguem a promessa por ele enunciada de um mundo que está prestes a terminar para fazer surgir o paraíso perdido.

O messias profetiza o futuro que será, segundo o mito, o renascer de um passado primordial. Ele afirma que o milagre é a prova de que isso efetivamente ocorrerá. A lógica profética segue o tempo da espera e os indícios de um universo social em decadência, no qual os valores e as normas sociais perderam seu sentido existencial para aqueles que seguem o princípio da esperança, de um mundo que virá a ser, como no tempo primitivo da virtude e da bonança. O profeta regula a história ao anunciar o seu fim.

Por sua vez, o possesso escapa do compromisso de exaltação dessa lógica da espera. Através da possessão de espíritos em seu corpo, realiza no presente o futuro anunciado. Na expressão vivida por seu corpo, regula a história, tornando-a presente, atualizando o passado e o futuro.

Já a utopia, segundo François Laplantine, é a construção matemática da cidade perfeita, uma construção submissa aos imperativos de uma planificação absoluta que tudo prevê e tudo controla, não tolerando a mínima fantasia, impondo a racionalização do comportamento e regulando as ideias e os atos de seus adeptos. A história, nesse caso, tenderá para um final racionalizador ao se construir o mito de uma sociedade acabada, perfeita, sem doenças, males e mistérios, na qual o curandeiro, o profeta e o possesso não existirão.

Essas três vias do imaginário pretendem por fim à história, mas se fundamentam em mitos que afloram paradoxalmente na história: a confrontação incessante entre o utopista e o não utopista, o possesso e o seu exorcista, o crente e aquele que não crê em nada.

Existe, portanto, uma lógica interna nas vias do imaginário, na construção de suas organizações e discursos e no confronto histórico de suas crenças.

O imaginário na fabricação dos deuses

Através do imaginário, o homem, como define H. Bergson, "é uma máquina de fabricar deuses". A isso acrescentamos que o homem em si mesmo é fantástico, à medida que manifesta a faculdade humana de transcender o humano.

Ao construir os deuses, o homem toma como referência uma realidade dada que caleidoscopicamente reordena, reestrutura e recria. Nesse processo, o imaginário tem como referência o real, dando-lhe outros sentidos fornecidos pelo material simbólico que utiliza.

Nas religiões afro-brasileiras, como a umbanda, os exus e a Pomba Gira são espíritos de malandros, delinquentes e prostitutas que em vida foram seres anônimos e ao morrerem tornaram-se heróis: Pomba Gira Cigana, Maria Padilha. Pomba Gira Mulambo foram prostitutas ciganas de classe média. Aquelas que viveram no baixo meretrício tornaram-se deusas e são cultuadas, resgatando para a vida social a virtude da sexualidade.

A ideia de marginalidade social constitui a representação mental de um comportamento e situação concretos da noção abstrata de não corresponder e não pertencer aos objetos socialmente idealizados pela sociedade referida. Os símbolos são construídos a partir dessa ideia nuclear de (no caso) marginalidade social.

Utilizando como matéria-prima essas representações simbólicas, os homens constroem no processo do imaginário os deuses consubstancializados, que passam a existir no cotidiano de suas experiências sociais. Assim, partindo do real, os deuses transformam-se e reestruturam a realidade social.

No mundo real do cosmo imaginário, os adeptos vivem, concebem e produzem através do culto as suas relações com os deuses e a interferência desses deuses em suas experiências cotidianas. No plano ideológico, os adeptos podem impor, através de uma elaboração secundária, determinados aspectos dessa divindade. Assim, atribuem-lhes, de maneira seletiva, as qualidades que correspondam aos valores que interessam ao grupo social dominante e que devem ser transmitidas para os adeptos.

A construção da divindade é realizada no imaginário coletivo. Este imaginário caracteriza-se por uma criação limitada e definida pelo sistema religioso e social. À medida que são colocados para a sociedade novos fenômenos e problemas, criam-se novos deuses ou reinterpretam-se as divindades tradicionais.

As criações de novos deuses são feitas pelas relações entre as tradições religiosas e socioculturais e a reinterpretação dessas tradições.

Dessa maneira, segundo os códigos do panteão umbandista, constituído pelos exus, caboclos e pretos-velhos, os personagens históricos duque de Caxias, dom Sebastião, rei Luís da França e, mais atualmente, Tancredo Neves tornaram-se caboclos. Isso devido às características guerreiras e de ação social combativa que são atribuídas aos caboclos e que são análogas às qualidades desses heróis históricos. A história faz o mito. Como, muitas vezes, são consideradas como a história dos povos dominados, essas transposições são possíveis através do recurso linguístico da analogia e da metáfora.

Negros como Felisberto de Cabinda e José Jacó foram escravos mortos pela polícia e tornaram-se pretos-velhos. Introduzidos nessa categoria de espíritos dos antepassados dos africanos escravos, passaram a ser incorporados pelos seus fiéis durante o ritual de possessão. O mesmo ocorreu com Maria D'Aruanda e Mãe Conga, que, no início do século XIX, em São Paulo, ficaram conhecidas como quitandeiras que no mercado davam receitas e convidavam os clientes, através de artifícios, para os cultos africanos clandestinos. Descobertas, foram presas e mortas. Atualmente, são espíritos conhecidos na umbanda como as pretas-velhas Mãe Conga e Mãe D'Aruanda.

O espiritismo kardecista integrou em seu panteão de entidades mediúnicas os personagens da história francesa Maria Antonieta, Luís XVI e Napoleão, e os artistas Victor Hugo, Renoir, Manet e Monet.

A França foi sempre considerada pela classe média brasileira como a fonte civilizatória de nossa formação intelectual. Portanto, para uma religiosidade urbana francesa como o kardecismo, suas entidades espirituais foram construídas no imaginário coletivo brasileiro, como figuras divinizadas, representativas dessa cultura europeia.

As lutas entre os cristãos e os mouros são ritualizadas nas danças e nos personagens, como os caboclos turcos no culto denominado Tambor de Mina, no Maranhão e no Pará, em cujas narrativas, estudadas por Mundicarmmo Ferretti, casaram-se com mulheres indígenas e caboclas e participaram na guerra do Paraguai.

Heróis, como Antônio Conselheiro e padre Cícero, são cultuados pela religiosidade popular católica. O negro João Camargo, que edificou a sua igreja na cidade de Sorocaba (estado de São Paulo) reunindo de forma sincrética os componentes do catolicismo, da tradição africana Banto e do espiritismo esotérico, é cultuado, após a sua morte no inicio deste século, como entidade espiritual na umbanda e em mesas brancas do espiritismo kardecista.

O personagem de existência histórica e mítica conde de Saint-Germain, conhecido como político e defensor da monarquia francesa durante o século XVIII, é tido como imortal. Atravessa os séculos e surge na atualidade nos cultos esotéricos brasileiros, onde é visto por seus adeptos.

Muitos também dizem tê-lo visto na cidade de São Paulo.

Em Campinas (estado de São Paulo) há um culto com rezas e orações católicas em torno do túmulo de Jandira, uma prostituta assassinada nessa cidade. Como santa, ela redime os pecadores e revela o martírio das vítimas da violência social.

O imaginário rompe com as fronteiras do tempo e do espaço e, em sua lógica própria, as divindades são construídas a partir da revelação das qualidades que simbolizam. Nesse sentido, são divindades substantivas (seres humanos divinizados) que corporificam ideias, valores e qualidades significativas para a coletividade que as constroem. Não há, portanto, nessa relação de produção de deuses, distinção entre a essência da divindade, como ser existente e participante da vida social, e a noção de estar no mundo dos mortais. Também o ser divinizado é a síntese e a presença dos atributos que eles contêm.

Assim, substantivo e qualidade, a metáfora linguística e o real, a sua existência material histórica e o conteúdo de suas representações, ou seja, a forma significante e o significado, são compreendidos sem rupturas ou distinções de uma lógica formal. Eles são no real toda a ideia que representam: combate social, virtude heroica, marginalidade social, martírio e violência.

Os deuses reúnem a sua existência histórica passada com a reatualização mítica de sua continuidade existencial no presente, configurando a promessa e o princípio da esperança projetada no futuro terreno ou extraterreno. Essa correlação dinâmica entre história e mito permeia toda a construção dos deuses. Eles são antepassados divinizados ou indivíduos que continuam na existência terrena, atravessando a morte e o nascimento da conversão espiritual, através do ritual de passagem.

Há uma diferença a ser detectada entre a construção de santos e de deuses no imaginário, limitada pelos sistemas religiosos, e a construção de acontecimentos e de seres produzidos no universo do fantástico e do maravilhoso.

A realidade fantástica retratada na literatura da América Latina consiste de situações sociais, acontecimentos ou pessoas que inserem no universo social conhecido um elemento estranho. Ocorre o fantástico quando, no contexto de normas estabelecidas, sólidas e controladas por leis naturais, irrompe o insólito e o inadmissível na legalidade objetiva. É uma alteração da concatenação determinada dos fenômenos pela aparição de uma relação intrusa. Os acontecimentos ou os indivíduos que passam por experiências estranhas são percebidos como pertencentes ao mundo do incerto. A figura metafórica, nesse caso, torna-se concreta, consubstancializando-se como real: a mulher que é queimada pela chama da paixão, ou a que é bondosa como um anjo, parece aos outros ter asas e levitar. Pessoas choram lágrimas de sangue.

Os símbolos são deslocados de um contexto situacional do qual pertencem para outros desconhecidos. O fantástico sempre reconstrói a realidade dada, assim como os símbolos contextualizados em sistemas sociais, religiosos ou profanos definidos, para deslocá-los propondo outra realidade, sujeita a outras regras e a normas diferentes.

O fantástico é caracterizado pela vacilação e indeterminação de indivíduos e acontecimentos, desenvolvendo-se no cotidiano presente. O fantástico é o mundo ao revés, tratando da percepção particular do acontecimento e da sua repercussão no indivíduo que o presencia ou sofre a sua ação. Por exemplo, a literatura latino-americana coloca o personagem ou o leitor ante a incerteza: ilusão dos sentidos e leis objetivas convivem ao mesmo tempo ou, ainda, acontecimentos ocorrem efetivamente alterando a realidade.

Aqui levantamos a hipótese, principalmente a partir da obra de Julio Cortázar, de que os escritores latino-americanos, intelectuais da classe média que escreveram seus trabalhos em Paris, ao construir as imagens de suas culturas populares de origem, as conceberam de maneira fantástica. A realidade latino-americana é incompreensível, ambígua, arbitrária e insólita para a perspectiva do indivíduo europeizado.

Jean-Paul Sartre em *Les mots et les choses* mostra que a realidade humana, em seus vários aspectos, conduz os indivíduos à sensação de viver em um mundo fantástico. O autor nos remete à leitura de Franz Kafka que tem como centro de sua temática o homem que se torna fantástico. O exemplo mais indicativo do fantástico no mundo cotidiano encontra-se na vivência da burocracia, em que a lei não tem fecundidade, significação ou conteúdo, mas, não obstante, impera sobre as ações humanas. Segundo Sartre, a vivência da burocracia consiste no destino da tragédia humana que se esconde sob o absurdo.

Consideramos que Kafka transmite essa sensação, por ele sentida quando exercia a função pública; o autor se sente como se fosse uma barata. Em seu *A metamorfose*, o personagem metamorfoseia-se, em uma manhã habitual de seu rotineiro cotidiano, em barata.

O IMAGINÁRIO EM LIBERDADE

Se não conseguimos ver no movimento surrealista francês ou no movimento modernista brasileiro nada mais do que um grito de revolta de alguns intelectuais buscando escandalizar seus contemporâneos, condenamo-nos a não entender nada da crise intensa que abala a sociedade mundial nos anos 1920. Condenamo-nos, igualmente, a não perceber o quanto permanecem problemáticas e incertas as relações entre o que os ocidentais — mas somente os ocidentais — chamam de realidade e imaginário.

O surrealismo participa certamente da grande aventura romântica, à qual, aliás, põe um termo. Ele é o resultado de uma evolução que começa no final do século

XVIII, com William Blake, Hölderlin e Novalis, e prossegue no século XIX com Baudelaire e Arthur Rimbaud. Mas para que a vontade desse último de "mudar a vida" procedendo a um "desregramento de todos os sentidos" suscitasse um tal entusiasmo, foi preciso que se produzisse na Europa um acontecimento maior: a Primeira Guerra Mundial, que revelou com clareza a falência da ciência, da razão e da civilização ocidental como um todo, a qual, com André Breton, Paul Eluard, Benjamin Péret (influenciado pelo Brasil) e, antes deles, Tristan Tzara, o fundador do movimento da dá — cujo significado é exatamente nada —, volta-se contra si mesma.

Os autores que acabam de ser citados começam a levantar uma suspeita em relação a um "real" transviado (porque insípido e, sobretudo, portador de morte e não mais de vida), de uma religião mistificadora, de uma moral alienante, de uma "ciência" tirânica, não apenas redutora mas destruidora da complexidade humana, de uma literatura acomodada na retórica, em suma, de uma cultura hipócrita e vaidosa, imersa na lama das convenções.

Contra vinte séculos de opressão cristã e cinco séculos de mutilação cartesiana, eles preconizam a destruição total dos valores e a liberação do desejo e do imaginário. A sua revolta não é mais propriamente romântica, mas existencial. Eles têm horror das boas maneiras, do bom

O que é imaginário   47

gosto, do bom senso, das "belas artes", do desabafo sentimental dos literatos. Eles se voltam contra o trabalho, a Igreja, a pátria. Em Paris, de sua janela, Michel Leiris vocifera: "Abaixo a França!". Quanto a André Breton, vai ao encontro de Trotsky e Diego Rivera, no México, para levar sua contribuição à revolução comunista internacional.

O surrealismo é, sem dúvida nenhuma, o movimento político mais radical do século XX. Não se limita, aliás, a um único domínio da cultura porque se remete igualmente à língua, ao teatro (Antonin Artaud), ao cinema (Luiz Buñuel), à pintura (Salvador Dali). Ele inverte o estatuto recíproco da imagem — tida como subalterna ou mesmo suspeita na modernidade, ou seja, na ocidentalidade — e do conceito, da noite e do dia, do autocontrole e da possessão, do adulto e da criança. Já Tzara expressa seu repúdio a uma obra de arte pensada, estimando que "o pensamento se faz na boca". Contra a onipotência da razão, os surrealistas opõem a onipotência do inconsciente, único a não mentir. Em uma fúria de destruição — e, no que diz respeito a Breton, de exclusão progressiva da maioria dos membros do próprio grupo surrealista — eles preconizam a exploração do que é o inverso da lógica: o sonho, a loucura, a alucinação. É como escreve Louis Aragón: "o vício chamado surrealismo é a utilização desregrada e passional do tóxico imagem". O homem dedica mais da metade de sua existência ao sono. Quando dorme. sonha, e é nesse momento que produz tesouros.

Os surrealistas são revoltados que querem mudar as relações entre a arte e o real, a imaginação e a razão e, assim fazendo, mudar o mundo. Eles não procuram tanto uma fuga da realidade, mas a condenação de sua versão sórdida para se atingir aquilo que chamam de uma "surrealidade", esse "ponto do espírito do qual a vida e a morte, o real e o imaginário, o em cima e o embaixo deixam de ser percebidos contraditoriamente" (André Breton). Pela exploração dos "sonos hipnóticos", assim como da "escrita automática", o poeta toma consciência de sua aptidão demiúrgica de criar por imagens um universo novo. Retomando a ideia dos *Cantos de Maldororem* que a poesia deve ser feita por todos e não por um só, Breton estima que "é específico do surrealismo o fato de ter proclamado a igualdade total de todos os seres humanos normais diante da mensagem subliminar, de ter constantemente afirmado que essa mensagem constitui um patrimônio comum do qual só depende de cada um reivindicar a sua parte". Tornando-se "vidente" no sentido rimbaudiano, ele desperta em si as faculdades adormecidas que lhe permitem criar uma realidade finalmente autêntica. O homem, "esse sonhador definitivo" (Breton), busca, experimenta, faz brotar aproximações inusitadas entre as palavras e as imagens, assim como combinações desconcertantes, relações estranhas, colagens grotescas. Ele se aventura naquilo que foi desprezado pelos românticos: a feiura. Ele se lança no *roman noir*, inventa novos métodos (como a paranoia-crítica de Dalí). Seguindo Rimbaud e Lautréamont, mas também Alfred Jarry, inventor da "patafísica" (o que não quer dizer nada, como dadá, mas que questiona através do humor as pretensões derrisórias da metafísica), ele demonstra que as contradições são vitalizantes.

Essa aspiração a uma liberdade integral do imaginário — quer dizer da criação do espírito — que não se impõe nenhum limite, expressa-se na reabilitação de valores tais como o acaso, o jogo, a farsa, a gratuidade. Já no *Manifesto dadá*, Tzara escreve: "Pegue um jornal, pegue tesouras, escolha um artigo, corte-o, corte a seguir cada palavra, coloque-as em um saco, agite...".

A famosa semana de arte moderna de 1922, em São Paulo, eclode em um contexto bem diverso daquele que deu origem ao surrealismo parisiense. Trata-se aqui da contracomemoração do primeiro centenário da independência do Brasil. Enquanto o movimento francês, ostensivamente dirigido contra a própria ideia de pátria, é decididamente internacional ou mesmo internacionalista, o movimento brasileiro, por sua vez, busca fundar a nação brasileira em um ato de ruptura em relação à Europa.

Um grupo de jovens escritores (Oswald e Mário de Andrade) aos quais se somam pintores (Tarsila do Amaral, E. Di Cavalcanti), escultores (Victor Brecheret) e músicos (Heitor Villa-Lobos) festejam a seu modo esse aniversário. Reunidos no Teatro Municipal de São Paulo, rasgam simbolicamente um livro de Camões (considerado então como o mestre incontestado da língua portuguesa) e declaram em substância que é preciso acabar com o passado colonial do Brasil e com a dependência cultural da linguagem, da arte e de todas as formas de expressão social de um país cujo corpo se encontra na América, mas cuja alma permanece forjada na Europa. A originalidade do modernismo brasileiro, contrariamente aos modernistas hispano-americanos dos anos 1880-1890, é o de ser uma revolução estética radical inseparável de uma pesquisa social, que vai dar nascimento à sociologia brasileira. É o primeiro ato de uma tomada de consciência coletiva, mais exatamente de uma busca, ao mesmo tempo, lírica e crítica da identidade brasileira, ao assumir seus diferentes componentes e, entre eles em particular, o indígena.

A revolta modernista se expressa em um ato de ruptura, tanto em relação ao estrangeiro (é a época em que a cidade de São Paulo se encontra submersa pelas ondas migratórias europeias) quanto ao velho Brasil colonial. Ela consiste em harmonizar, finalmente, a arte e a sociedade

O que é imaginário

que se tornara industrial e urbana. Essa explosão começa por intermédio da pintura que parte em busca de temas nacionais inspirados particularmente pela Amazônia e Minas Gerais, mas, sobretudo, pelo próprio símbolo do mundo moderno: a cidade. Em 1917, organiza-se uma exposição de telas de Anita Malfatti que, em função de suas liberdades expressionistas e fauvistas, provoca um verdadeiro escândalo. Tarsila do Amaral pinta uma negra com lábios grossos e seios enormes, assim como paisagens proletárias de São Paulo. Di Cavalcanti expressa a sensualidade da mulher brasileira, em especial da mulata. É ele quem primeiro percebe que "o Brasil é um dos países mais femininos do mundo".

O que separa os modernistas de São Paulo dos surrealistas de Paris é, sobretudo, o caráter "antropofágico" dos primeiros. É sabido que os Tupis-guarani devoravam seus inimigos acreditando que se alimentavam com as qualidades de suas vítimas. Tomando-os como exemplo, os antropófagos paulistas da segunda década do século XX procuram devorar os estrangeiros (os europeus em particular) para se apropriar de suas forças vitais. A cultura europeia (sobretudo a pintura) é devorada, assim como a cidade grande moderna — São Paulo — devora os imigrantes que chegam para fazer deles brasileiros. Partindo da barbárie indígena como fonte de identidade nacional, a antropofagia cultural busca pôr fim aos modos de importação. Ela afirma sua capacidade de integrar, ou melhor, de se alimentar de elementos vindos do estrangeiro, chamados a se tornar ingredientes de uma cultura nacional de exportação. E consegue isso. Por um lado, transmutando profundamente, isso é, "abrasileirando" os novos imigrantes. Por outro, partindo, a exemplo dos bandeirantes, para a conquista de novos territórios, mas dessa vez europeus. Logo em 1923, Villa-Lobos, Tarsila do Amaral, Di Cavalcanti, Oswald de Andrade recebem em Paris uma acolhida entusiasta.

As relações (nutritivas) entre o Brasil e a Europa, e particularmente a França, são na verdade infinitamente mais complexas. A maioria dos escritores e artistas que acabam de ser citados faz viagens pela Europa. Alguns devem sua formação à própria Europa, outros aí nasceram. São profundamente influenciados pelo *Manifesto futurista* de Marinetti, o canibalismo dadá de Francis Picabia, a poesia de Guillaume Apollinaire. Em 1923, no próprio ano em que o grupo surrealista está se constituindo em torno de Breton, Oswald trava amizade em Paris com Blaise Cendrars e Tarsila estuda na capital francesa com André Lothe e Fernand Léger. O epicentro que é o fermento de suas ideias, ou mais exatamente da sua revolta ("concretista"), situa-se incontestavelmente em Paris. Mas, dessa vez, nós não estamos mais em um processo de dependência, como na época do romantismo no Brasil. Os modelos da escola de Paris são utilizados para libertar o país das modas importadas da Europa. O que equivale dizer que a França age sobre os modernistas de São Paulo como revelador da cultura brasileira. Ela lhes permite expressar sua brasilidade, ao repensar a Amazônia, ao redescobrir o barroco de Minas Gerais para onde eles viajam com Blaise Cendrars, enquanto os franceses (Cendrars, Benjamin Péret, Darius Milhaud) vão progressivamente se deixar transformar pelo Brasil.

Acima das diferenças que separam os surrealistas parisienses e os modernistas de São Paulo, uma mesma vontade de provocação e de ruptura os reúne. Eles pertencem à mesma família espiritual. Partem ambos para a guerra contra a retórica, a eloquência, a tagarelice, a literatura distinta e pretensiosa e procuram subverter não somente a cultura, mas a sociedade. Os brasileiros vão, a nosso ver, mais longe que os franceses na radicalidade da empreitada que consiste em restituir todos os direitos do imaginário. Há sempre algo de afetado na obra de Breton, que dá provas, aliás, na organização do movimento surrealista, de um grande dogmatismo. O *Manifesto antropofágico*, de Oswald de Andrade, fornece mostras de uma liberdade e de uma aptidão para a criação de imagens ainda maior que o *Manifesto surrealista*, de André Breton.

Tudo acontece como se o surrealismo, imaginado na França, estivesse com alguns anos de intervalo se realizando no Brasil nessa intensa fermentação e transbordamento do imaginário que permanece um fenômeno raríssimo na história de uma sociedade. Os modernistas substituem a lógica à francesa pelo instinto, o metafísico pelo concreto ("nós somos todos concretistas", diz Oswald de Andrade), a composição pelo grito, o pensamento pelo corpo, os sentimentos pela sensação. Em suma, nada de mais surrealista. Mas se compararmos os franceses dessa época a seus equivalentes brasileiros, os primeiros parecem quase temerosos. Falta-lhes audácia na transmutação imaginária da realidade. Já Macunaíma, esse índio de pele negra e de olhos azuis inventado por Mário de Andrade e que é o símbolo compósito de uma nação "sem caráter", vai até o fim de seus desejos. Faz a apologia do furor, do canibalismo e do comunismo sexual. Percorrendo a floresta virgem, ele mata sem querer a sua mãe. Seduz a rainha das amazonas que lhe dá um talismã que ele perde e que cai nas mãos de um paulista. Parte, com os irmãos, em busca desse talismã e se transforma em constelação.

COMPREENDER E SONHAR

A história que contaremos acontece em Paris em 26 de dezembro de 1934. Em um café da Place Blanche, uma parte do grupo surrealista está reunida e discute muito em torno de pequenas sementes trazidas por um deles do México. Todos têm os olhos fixos nos grãos, quando alguns desses começam a... pular! Milagre? Mistério? Manifestação insólita? Quebra da ordem do real? De que se trata?

Os dois protagonistas da discussão que, como veremos, vai degenerar em briga rapidamente, são André Breton e Roger Caillois. Do primeiro já falamos. Quanto ao outro, é preciso lembrar que foi tradutor de Jorge Luis

Borges e contribuiu para tornar a literatura latino-americana conhecida na França, particularmente a obra de Jorge Amado. Roger Caillois, então, já que é dele que falamos, propõe que se abra um desses curiosos grãos. Mas imediatamente, Breton se zanga: não, de jeito nenhum!

Existem várias versões da continuação dessa história, aparentemente das mais banais. Caillois teria sido excluído do movimento surrealista por Breton, ou se afastou espontaneamente, como afirma em um texto de 1975, ou seja, quarenta e um anos depois — o que prova que o assunto ainda o preocupava.

Se contamos essa história, é porque ela nos parece reveladora de duas atitudes e talvez mesmo de duas famílias de espírito e, em todo caso, de dois tipos de reação perante o insólito e o incrível.

A primeira consiste em compreender e explicar aquilo que se qualifica em geral, por falta de palavra melhor, de "irracional". Nunca a inteligência, e particularmente a inteligência científica, deve desistir diante daquilo que parece, à primeira vista, inexplicável. É, por exemplo, a atitude da psicanálise, e particularmente a de Sigmund Freud, seu fundador, em relação aos sonhos: procurar e encontrar uma lógica para a sua interpretação.

A segunda, pelo contrário, é uma atitude que podemos qualificar de mágica, mas também de poética. Para André

Breton, que denuncia o "olhar gelado do etnólogo", a beleza deve ser "convulsiva": deve atingir o imaginário e transtornar todo o ser humano. A racionalidade moderna consiste, em vários aspectos, no abandono do princípio de analogia (a palavra mais bonita em uma língua, escreve Breton, é a palavra "como") para a adoção do princípio de casualidade: a explicação a todo custo daquilo que não compreendemos, mas que pode levar ao risco maior de um mundo desencantado.

O que Caillois reivindicava não era em absoluto a dissolução do imaginário em uma explicação definitiva, mas o equilíbrio — noção francesa por excelência — entre a razão e a imaginação, a ciência e a poesia. Ele deixou o movimento surrealista ou foi excluído dele — não importa aqui — porque julgou que esse movimento estava renunciando à sua ambição (a do conhecimento) para degenerar em jogos de salão. Já André Breton qualificava essa posição de "antilírica". O que ele queria era resgatar todos os direitos e restituir toda a dignidade à arte, à magia, enfim às faculdades criativas e imaginárias desprezadas pela sociedade ocidental.

Acreditamos que essa tensão não existe unicamente entre aquilo que chamávamos mais acima de duas famílias de espírito. Parece-nos que ela perpassa cada um de nós.

O REALISMO MÁGICO

As reflexões precedentes devem ser encaradas como são: proposições provisórias que permitem que nos orientemos na floresta espessa — ou floresta transformada em cidade ou labirinto — do imaginário. Mas existem (particularmente na América latina, e talvez entre as sociedades da América latina e do Brasil) problemas de fronteira e uma confusão de limites não somente entre o maravilhoso e o fantástico, mas entre o real e o imaginário. Jorge Luis Borges: "a realidade se confundia com o sonho. Melhor dizendo, o real era uma virtualidade do sonho", Alejo Carpentier: "quanto mais um acontecimento lhe parecerá

O que é imaginário 59

inverossímil, mais você poderá ter certeza que ele é exato". João Guimarães Rosa: "o que nunca se viu, aqui se vê".

A própria realidade da América latina parece às vezes ultrapassar a ficção se apresentando como insólita e incrível. Assim como escreve Gabriel García Márques, "o descomedimento faz parte da nossa realidade". Consultamos, certa vez, em São Paulo, uma curandeira descendente de índios Xavante. Ela entra em transe e começa a "incorporar" o "espírito" de Mestre Philippe, o taumaturgo lionês que, nos anos 1890, recebia doentes em casa, antes de se tornar conselheiro do tsar Nicolau II, na corte da Rússia. A curandeira mantém um contato direto e cotidiano com ele, que lhe dita fórmulas homeopáticas. Voltando, como diríamos, à razão, ela nos entrega uma receita que acaba de redigir em estado "mediúnico", prescrevendo as preciosas diluições infinitesimais que nos são necessárias, assim como o endereço de uma farmácia que fabrica produtos homeopáticos.

Outro dia em Porto Alegre, convidados a participar de uma sessão chamada de "materialização de espíritos", presenciamos durante uma hora, na escuridão absoluta, uma confusão indescritível. Quadros pendurados na parede, assim como crucifixos fracamente iluminados, despregam-se, atravessam a sala e caem no chão. Objetos diversos colocados sobre uma mesa (vasos, livros, discos) vão para o chão, enquanto assistimos a fenômenos de "oferendas" (surgem rosas). Uma leve brisa pode ser sentida assim como mãos que acariciam os cabelos dos participantes. Enfim, os "médiuns materializadores", sentados em poltronas, são projetados de uma ponta a outra da sala.

A realidade e a ficção confundidas se manifestam também na escolha de nomes para os filhos. Dessa forma, no Nordeste brasileiro podemos encontrar pessoas que se chamam Chave de Bronze, Dinossauro, Éter Sulfúrico, Magnésia Bisurada, Pif Paf, Lança Perfume, Cólica de Jesus, Vítor Hugo da Encarnação, Martin Luther dos Santos. Um funcionário da prefeitura de Garanhuns chamou seus dois filhos de John Kennedy e Robert Kennedy. Um certo Kuroki Bezerra de Menezes chamou cinco de seus filhos de Kilza, Kátia, Keila, Kênia, Kadja. O campeão no gênero é, sem dúvida, Jerônimo Ribeiro Rosado, habitante de Mossoró. Foi pai de 21 filhos dos quais quinze receberam, respectivamente, o nome de Terceiro, Sexto, Sétimo, Oitavo, Nono, Décimo, Décimo Primeiro, Décimo Segundo, Décimo Terceiro, Décimo Quarto, Décimo Quinto, Décimo Sexto, Décimo Nono, Vigésimo, Vigésimo Primeiro. Encontramos (igualmente no Nordeste) um rio de água fervente que vai dar no oceano. Vimos em Belém guarás que, de tanto comer camarão, ficam com cor de camarão. São camarões voadores. Em Comodoro Rivadavia, no sul da

Argentina, o vento havia um dia levado pelos ares um circo inteiro. No dia seguinte, pescadores traziam nas redes tigres, leões e girafas.

Descobrindo a América, os primeiros conquistadores ficaram literalmente abismados. Percebemos bem ao ler o *Diário* de Cristóvão Colombo, que é a primeira narrativa mitológica americana, descrevendo plantas fabulosas e seres fantásticos. Todos insistem: nós nunca havíamos visto algo semelhante, não se parece com nada que você conhece. Cortez não sabe como expressar "a grandeza, as estranhas e maravilhosas coisas dessa terra", "coisas que mesmo mal descritas, tenho certeza que serão tão admiráveis que não se poderá acreditar nelas, porque nós que as vemos com nossos próprios olhos, não podemos, no nosso espírito, compreendê-las". Já Bernal Diaz del Castillo, pergunta "se tudo aquilo que víamos não era um sonho". E à medida que avançam — pensamos, por exemplo, em Gaspar de Carjaval, o historiógrafo da missão comandada por Orellana que descobre o Amazonas e a Amazônia, um rio que é um mar, uma floresta sem fim — o fantástico ultrapassa a realidade.

Recomendamos ao leitor essa experiência — sempre atual — do fantástico amazônico, acrescentando, entretanto, que não se passa ileso por ela. Quem nunca encontrou o leito do rio-mar inundado de luz ou de chuva, segundo os dias, segundo as horas, transbordante de entulhos, de cipós, de árvores gigantes desenraizadas vindo a toda velocidade em sua direção, ameaçando a gaiola que o leva até Manaus, quem nunca frequentou a noite amazônica não sabe até onde a natureza pode chegar em suas possibilidades. A natureza e também os homens.

O absurdo, o paradoxo e o incrível estão no coração do continente latino-americano, mas também da história latino-americana propriamente dita. E isso acontece logo no começo dessa história. Na chegada de Cortez, a população mexicana era de 25 milhões de habitantes, mais ou menos. Cento e trinta anos depois, ela está reduzida a um milhão e meio de pessoas. Bernal Diaz del Castillo, no início, dá o título de *História da conquista da Nova Espanha* à sua crônica. Depois, à medida que escreve, pondera: o leitor não vai acreditar, vai pensar que não se trata da história do que aconteceu lá, mas de uma obra de ficção. Modifica, então, o título inicial para *História verídica da conquista da Nova Espanha*. Astúrias, comentando a obra, diz: "Quando lemos Bernal Diaz del Castillo, quando seguimos a prosa irregular do soldado, introduzimo-nos não em uma história mas em um romance, em uma narrativa tão fantástica que não entendemos como o autor não pensou que se tratava de uma história de gigantes".

E a continuação da história do continente latino-americano irá evoluir nesse mesmo impulso, quer dizer, no registro do excesso e da extravagância ao qual virá acrescentar-se progressivamente um elemento novo: o grotesco.

O general mexicano Antonio Lopes de Santa Ana foi eleito presidente da República em 1833, fazendo-se chamar "Sua Alteza Sereníssima". No dia do seu aniversário, proclamou feriado nacional e, depois, organizou um grandioso funeral para o enterro da sua perna esquerda, perdida no campo de batalha. Desde a independência da Bolívia, em 1824, 74 presidentes da República se sucederam, dos quais a metade não foi eleita, tomando o poder com golpes de Estado. Um deles, Melgarejo, vendeu um terço do território nacional para comprar dois cavalos brancos, utilizando o orçamento nacional como nós usamos um talão de cheques. O ditador venezuelano Perez Jimenes foi expulso do poder em 1958, fugindo de Caracas de avião com a sua família e seus ministros. Estava furioso com todo mundo, especialmente com seu ajudante de campo e, na precipitação da fuga, esqueceu ao lado do avião uma mala contendo onze milhões de dólares.

Duvalier mandou exterminar todos os cachorros pretos do Haiti. Um de seus inimigos, para não ser reconhecido, havia se transformado justamente em cachorro preto. Francia, no Paraguai, decretou que todos os homens de mais de vinte anos deviam se casar. Já em San Salvador, Maximiliano Hernandez Martinez, para combater uma epidemia de rubéola, mandou revestir com papel vermelho toda a iluminação pública do país. Na Venezuela, Juan Vicente Gomez fez anunciar periodicamente sua morte para depois poder ressuscitar. Em abril de 1922, o Peru se deu ao luxo de ter dois presidentes da República, um oficial, outro clandestino, eleito secretamente e pela Assembleia legítima, mas dissolvida pelo primeiro.

Trata-se, por fim, de um continente onde as pessoas "desaparecem". Em *Cem anos de solidão*, de Gabriel García Márques, a bela Remedios sobe ao céu: "Ela começou a subir, subir, subir, sem nenhuma dificuldade. Mesmo Deus não a teria parado", comenta o autor que acrescenta: "Conheço gente do povo que leu *Cem anos de solidão* com muito prazer e muita atenção, mas sem a menor surpresa, porque afinal não há nada lá contado que não se pareça com aquilo que eles vivem". A bela Remedios, que desaparece e da qual nunca mais se encontrará vestígios, não é, de fato, um caso isolado. Durante a ditadura argentina, milhares de pessoas "desapareceram". Sem explicações. Sem razões.

Um grande número (para não dizer a maioria) de escritores latino-americanos dedicou pelo menos um de seus romances à figura do ditador sanguinário e grotesco, "único personagem mitológico", segundo García Márques, "que a América Latina produziu". Astúrias, *O senhor presidente*; Juan Rulfo, *Pedro Páramo*; Alejo Carpentier, *O recurso ao*

método; Roa Bastos, *Eu, o supremo*; Mario Vargas Llosa, *Conversas na catedral*, Carlos Fuentes, *Artemio Cruz*, que é o protótipo do *caudíllo*; García Márques. *O outono do patriarca*, "uma síntese de todos os ditadores latino-americanos".

Se é pelo paródico e o grotesco que essas obras nos convidam a entrar na realidade das sociedades da América Latina, é porque a própria realidade é grotesca e tende a parodiar a si mesma. Lendo-as, mergulhamos nos meandros do sórdido e do ignóbil. Ambiente de pesadelo. Comportamentos delirantes. Despotismo exacerbado. Brutalidade megalomaníaca. Corrupção e suspeita generalizadas. Derrocada e decomposição da sociedade. O ditador parece dotado de todas as abjeções do mundo. Mas esses livros se inspiram em tiranias reais, em figuras sinistras de torturadores psicopatas que nada têm de imaginários. Não são apenas as narrativas fabulosas que são extraordinárias e extravagantes e muitas vezes, para nós, incríveis, mas a própria realidade que se apresenta como uma realidade alucinada. Realismo, hiper-realismo, surrealismo das tiranias por si mesmas desmedidas e fazendo apelo a uma escrita do desmedido (mas também da extrema concisão).

Na América Latina, nas fronteiras do geológico, do botânico, do zoológico, do climático, do psicológico e do cultural, a realidade das paisagens e dos homens é mais extravagante que em outros lugares. Mais do que em outros lugares, as coisas parecem levadas ao extremo, tanto no esplêndido quanto no horror. O luxo é mais ostentado. A riqueza e a pobreza são mais fortes. Vários cineastas estrangeiros (S. Eisenstein, Buñuel) tentaram exagerar. Mas não é certeza que a realidade não os tenha alcançado.

Compreendemos, nessas condições, que o surrealismo iria encontrar na América Latina o seu continente predileto.

O que uns chamam de "realismo mágico" (Astúrias) ou "realismo alucinado" (Caillois), outros de "realismo maravilhoso" (Carpentier), ou ainda de "realismo mítico" (Octavio Paz), são na verdade várias maneiras de se designar o que na Europa chamamos de surrealismo, que "encontramos em estado bruto, latente, onipresente em tudo que é latino-americano" (Carpentier). E o modelo, se existir modelo, deve ser procurado na arte das civilizações pré-coloniais que introduziram o sonho no coração da vida, não fazendo nenhuma diferença entre o que consideramos noturno e diurno. Assim, diz Astúrias: "Meu realismo é mágico porque ele se assemelha um pouco ao sonho tal como o concebiam os surrealistas. Tal como o concebiam também os maias em seus textos sagrados. Lendo-os, me dei conta que existe uma realidade criada pela imaginação e que se reveste de tantos detalhes que se torna ela também tão "real" quanto a outra". Ou, mais categórico ainda: "A Guatemala é um país surrealista".

Quantas diferenças, no entanto, entre a visão de uns e de outros. Os surrealistas europeus procuram fugir de sua civilização enquanto os surrealistas latino-americanos (e também, sob vários aspectos, os modernistas brasileiros) procuram reencontrá-la. Os primeiros se deixam seduzir pela fuga e exotismo, enquanto para os segundos o estranho, o irreal e o fantástico constituem o que todos eles chamam de "nossa realidade". Os surrealistas parisienses se atribuem uma missão a longo prazo: romper com o modo de pensar europeu, enquanto esse mesmo projeto se encontra em parte realizado na América Latina e no Caribe. Finalmente, os primeiros sonham, pensam e imaginam o que os segundos estão vivendo. E essa diferença de ponto de vista vai logo levar a um certo número de mal-entendidos.

O primeiro diz respeito ao senso de humor muito particular que encontramos na América Latina e que Octavio Paz resume assim: "fascinação muito hispânica pelo grotesco e monstruoso, pelos extremos e pelos cúmulos". Nenhum lugar foi reservado para esse humor latino na *Antologia do humor negro* de André Breton que, aliás, na sua função de chefe do movimento surrealista, deu provas de tão pouco humor. Breton, teórico da fantasia, mas com tanta seriedade. Na capa de um exemplar do livro de Breton, *Anthologie de l'humour noir*, Julio Cortázar riscou algumas palavras: "André noir, *Anthologie de l'humour Breton*".

Humor então, mas até o fim, e muito mais forte. Na ficção. Mas também na realidade.

No México, o partido no poder desde a revolução de 1910 se chama PRI: Partido Revolucionário Institucional. Seu nome soa como uma piada. O México é um dos países mais católicos do mundo, mas o ensino religioso é teoricamente proibido, mesmo nas escolas religiosas. Na outra ponta do continente, uma radialista de nome Eva Duarte se eleva, pelo casamento, à presidência da República. Torna-se Eva Perón, a mulher mais adorada de toda a Argentina. Não frequentando os meios políticos, mas, sobretudo, sendo jovem demais na época, não tivemos nunca a ocasião de nos relacionar com Eva Perón. Em compensação, nós a encontramos muito recentemente enquanto "espírito desencarnado" em Fortaleza. Hoje, Eva Perón não é mais argentina, mas brasileira. Faz — nós ouvimos — um diagnóstico muito sombrio sobre a evolução social e política do Brasil. Mas afirma, assim mesmo, que em breve um salvador — que de acordo com sua descrição parece com um irmão de Juan Perón — vai aparecer. Em 1974, quando morre o general argentino, é sua terceira esposa, Isabel, que o sucede na presidência da República. Antiga dançarina de cabaré, convoca um notório terrorista, José Lopes Rega, especialista em sequestros, espoliações e outros delitos de direito comum, e lhe confia

O *que é imaginário* 69

o ministério do Bem-Estar Social. Em 1991, o presidente Carlos Menem proíbe a entrada no Palácio Presidencial de Buenos Aires de sua mulher, que passa a fazer oposição ao regime. No mesmo ano, as aventuras extraconjugais do presidente Fernando Collor de Mello são manchetes nos jornais e televisões brasileiros, enquanto Rosane, sua mulher, posa para as câmeras e para os fotógrafos, saia bem levantada, deixando aparecer a calcinha branca.

Voltemos ao surrealismo propriamente dito, ou seja, ao movimento que tem esse nome. Os latino-americanos não têm exatamente a mesma visão que os franceses. Astúrias: "Creio que o surrealismo francês é muito intelectual, enquanto em meus livros, o surrealismo adquire um caráter completamente mágico, completamente diferente. Não é uma atitude intelectual, mas uma atitude vital, existencial. É a do índio que com uma mentalidade primitiva e infantil, mistura o real e o imaginário, o real e o sonho. Tudo — homens, paisagens e coisas — banha em um clima surrealista, de loucuras e imagens justapostas (...). Meus livros parecem com as pinturas murais do México nas quais tudo se mistura: camponeses, lebres, arcebispos, aventureiros, mulheres de má vida, assim como nossa natureza, vastas planícies e florestas imensas onde nós não somos nada além de pobres seres perdidos". Ainda Astúrias: "Enquanto hispano-americanos, nós somos iconoclastas de nascimento.

A violência telúrica de nosso continente nos inculcou o charme da destruição e o surrealismo matou nossa sede juvenil de quebrar tudo para partir para novas conquistas. Entretanto, acredito que o surrealismo que atribuem a certas obras minhas se remete menos a influências francesas que ao espírito que anima as obras primitivas maias. Encontramos no *Popolvuh* e nos *Anais dos Xahil*, por exemplo, aquilo que poderíamos chamar de surrealismo lúcido, vegetal, anterior a tudo que nos é conhecido".

Alejo Carpentier vai bem mais longe. Ele faz questão não somente de se distanciar das tendências didáticas dos surrealistas franceses, muito refratários ao senso de fantasia e de humor latino-americano, mas recrimina neles uma "burocratização do sonho", quer dizer, uma exploração do maravilhoso: "de tanto querer criar o maravilhoso a qualquer preço, os taumaturgos tornam-se burocratas".

Em suma, o maravilhoso latino-americano não é a magia no sentido de Breton. "A sensação do maravilhoso", escreveu ainda Carpentier, "pressupõe uma fé, isso, claro, independentemente de qualquer opção religiosa e uma ligação constante com nossa terra e nossa história". A América é a terra dos mitos, a terra daqueles que pertencem àquilo que Vasconcelos chama de "raça cósmica". Surrealismo, sim, quer dizer até o fim, e mais profundamente surrealista, então, quer dizer americano. O prólogo do *Reino desse mundo*, de Carpentier, encerra-se com estas palavras: "Mas o que é a história da América inteira se não for uma crônica do 'real maravilhoso'?". O que é uma maneira de sugerir que a própria existência pode ser considerada como uma ficção e que a vida é um romance. Borges vai ainda mais longe, estimando que a realidade é uma ilusão, e a ficção, a realidade, à qual nós podemos todos ter acesso pela leitura: Shakespeare não é somente Shakespeare, mas todos os homens. E, lendo Shakespeare, nós nos tornamos Shakespeare.

EXISTE UM IMAGINÁRIO CIENTÍFICO?

O que caracteriza as sociedades modernas e, sem dúvida, o próprio espírito do que chamamos de modernidade é o dualismo. O homem da modernidade aparece como um ser não apenas dividido, mas assumindo a divisão. De um lado, a subjetividade e, do outro, a objetividade. De um lado a paixão, do outro a razão. De um lado a produção de imagens ligadas à afetividade, do outro a concepção de ideias, elaboradas pela inteligência. De um lado a embriaguês do imaginário que festeja, do outro a sobriedade da ciência que trabalha. É pelo menos uma dessas representações dominantes que uma grande parte daqueles que foram formados no cadinho do Ocidente ou que foram ocidentalizados tem das funções respectivas da ciência e da arte. A primeira descobriria verdades com esforço, enquanto a segunda criaria alegremente ilusões. Tudo o que está, então, do lado do imaginário pertenceria à categoria da fantasia, do capricho, da dispersão, da evasão (fugir do mundo), da confusão, mas também do prazer (dar prazer e se dar o prazer), enquanto a racionalidade, conquistada em luta contra nossas faculdades (tidas como falsificadoras) da intuição e visão, teria como preocupação abarcar a realidade, isto é, aderir ao mundo.

Esse conceito de uma ciência livre de qualquer subjetividade, estimando que não pode existir mito na ciência nem ciência no mito, é evidentemente não apenas uma mitologia mas uma mistificação. Vamos, então, voltar seriamente (sem, no entanto, esquecer que o homem que se dedica ao trabalho faz também parte de uma espécie lúdica) à pergunta colocada por esse capítulo que, na nossa opinião, contém dois aspectos: 1) as imagens que os homens e mulheres da nossa época têm da ciência (elas não se remetem todas, como veremos a seguir, ao sentido da purificação positivista que acaba de ser evocado); e 2) o papel da imagem e do imaginário no próprio processo científico.

1) A ficção literária precede muitas vezes a realidade das descobertas científicas e de suas aplicações técnicas. É só evocar as obras de antecipação de Júlio Verne, por

exemplo, *Cem mil léguas submarinas* (1883), que precedeu (influenciou?) a construção de submarinos, ou ainda, *Admirável mundo novo*, de Aldous Huxley (1932), que teve, muito antes da hora, a intuição dos "bebês de proveta".

Antes de ser pensadas por cientistas, muitas invenções foram primeiro imaginadas por escritores ou poetas. O fato já é suficientemente conhecido para que não insistamos nele aqui. Em compensação, gostaríamos de insistir no processo, por assim dizer, inverso: os sonhos e utopias forjados a partir de imagens que se pode ter da ciência. Vamos tomar o exemplo do imaginário religioso, que pode ser considerado como um imenso laboratório de símbolos e mitos, ao qual apelamos para inventar novas relações com o que chamamos, em geral — por falta de palavra melhor —, de sagrado. O que aparece hoje é que um número crescente de expressões religiosas de nossas sociedades está se recompondo a partir de um imaginário científico e tecnológico, buscando conjugar segundo os casos a religião e a física (no movimento espírita), a religião e a psicologia (nas formas "novas" de psicoterapia), a religião e a medicina (como na Igreja da Cientologia), a religião e a informática (os mórmons), a religião e a conquista espacial (o movimento raeliano).

O imaginário científico (e o imaginário numérico especialmente) parece-nos irrigar uma parte não desprezível da modernidade religiosa da nossa época, que se reconstitui ao tomar contato com as descobertas mais recentes da física quântica, das técnicas médicas de reanimação ou ainda das telecomunicações reinterpretadas por intermédio da ficção científica e do cinema fantástico: os "poderes do espírito", a "telepatia", a "vida depois da morte".

2) O processo científico, da mesma forma que o processo literário, e mais precisamente romanesco, consiste em fazer variar os pontos de vista. Um mesmo fenômeno pode ser estudado e analisado de maneiras diferentes. É a razão pela qual existem diferentes modalidades científicas e é por ela, sobretudo, que a ciência não parou de evoluir ao longo da história. É a utilização desse princípio de variações, ou mais precisamente, de invenção de variações novas — chamadas de hipóteses, que devem ser confirmadas ou negadas pelos fatos — que separa o trabalho do pesquisador científico daquele do técnico que, por sua vez, aplica os resultados (sempre provisórios) da pesquisa, executa e repete as operações.

A ciência como a arte, aliás, não busca copiar a realidade e descrever o mundo tal como é, mas elaborar sistemas simbólicos para apreciá-lo. Ela não é uma atividade de reprodução do real, quer dizer a imitação de algo que seria anterior ou exterior ao próprio ato da descoberta, mas da produção de experiências que serão organizadas e reunidas, compostas e recompostas em um texto (por exemplo, um artigo em uma revista científica) que ele mesmo organiza a partir de outros textos.

Fora o fato que um certo número de pensadores teve intuições e iluminações sonhando (começando por Descartes, um dos fundadores, junto com Newton, do método científico), a pesquisa, a experimentação, a análise científica procedem incontestavelmente da imaginação: fazem existir algo que não existia antes, ou criam relações entre duas realidades até então percebidas como distintas.

Da mesma forma que em suas respectivas épocas Rodin, Cézanne e Picasso inventam novos meios de ver — e também de conhecer — que serão, é bom lembrar, rejeitados pela maioria de seus contemporâneos como "não realista", em um processo idêntico, Einstein, Plank e Heisenberg inventam novas maneiras de perceber e compreender a natureza (a teoria da relatividade), que nos desconcertam ainda hoje, como nos desconcerta a invenção da psicanálise por Freud. A teoria da relatividade nos introduz à compreensão de um universo, não mais de três, mas de quatro dimensões, no qual o espaço se dobra, se deforma, o tempo pode ralentar, se acelerar e mesmo voltar para trás. As revoluções científicas podem ser tidas como comparáveis às revoluções artísticas: longe de imitar a realidade, elas propõem novos quadros de referência, novos sistemas de símbolos que serão frequentemente ajustados por equipes de pesquisadores, mas podendo também ser abandonados por novas interpretações.

Claro, o laboratório do cientista que pesquisa não é o oratório de um monge que reza ou o ateliê de um pintor. A ciência não é o lugar de uma liberdade total, pois as experiências devem sempre ser desenvolvidas sob um controle escrupuloso. É preciso, no entanto, lembrar que toda ciência é humana, quer dizer, elaborada por seres humanos. E estes últimos, ao invés de renunciar às imagens em benefício de conceitos (é o estereótipo de um pensamento científico que seria não figurativo), sempre lançaram mão de uma atividade de representação visual: a formalização gráfica, o esquema explicativo, a imagem numérica.

CONCLUSÕES

O conceito de representação engloba toda a tradução e interpretação mental de uma realidade exterior percebida. A representação está ligada ao processo de abstração e a ideia é uma representação mental que se configura em imagens que temos de uma coisa concreta ou abstrata. Assim, a imagem se constitui como representação configurativa da ideia traduzida em conceitos sobre a coisa exterior dada.

A representação de uma instituição acadêmica, como a universidade, é a ideia de universidade em que se processa os conceitos que temos de universidade e que se figura em imagens mobilizadoras. O imaginário faz parte do campo de representações, mas não é uma tradução reprodutora ou uma transposição de imagens. Para evocar uma universidade imaginária não recorremos a conceitos sobre universidade, mas à história, à literatura e aos valores efetivos que a ela atribuímos. Essa instituição consiste não apenas da representação que temos de universidade, mas ao aspecto contido nas narrativas históricas sobre as origens da construção do saber instituído e aquilo que foi idealizado como sendo uma universidade mais os nossos sentimentos, valores, emoções e expectativas que temos em relação a ela.

O imaginário ocupa um lugar na representação, porém ultrapassa a representação intelectual. Os símbolos constituem-se de aspectos formais (significantes) e de conteúdos (significados). Esses são polissemânticos e, embora sejam conduzidos pelos significantes, ultrapassam-nos adquirindo sentidos prospectivos.

O imaginário é construído e expresso através de símbolos. O caráter afetivo contido no imaginário o faz diferir do conceito de imaginação, pois essa também se encontra no processo do conhecimento científico que estabelece, através de imagens mobilizadoras, correlações entre os conceitos através de procedimentos intelectuais elaborados, expressos em signos.

Enquanto o imaginário consiste na utilização, formação e expressão de símbolos, a imaginação científica é limitada pela razão conceitual e encontra a sua adequação expressiva nos signos. Estes, ao contrário dos símbolos, estão diretamente relacionados aos seus significantes que os remetem a direções únicas definidas com significados limitados ao campo da representação formal.

Imaginário não significa, porém, ausência da razão, mas apenas a exclusão de raciocínios demonstráveis e prováveis, os quais constituem o fundamento da imaginação científica.

A razão encontra-se no imaginário e no sentido da lógica interna, que não é contrária ao real, mas que, como um caleidoscópio, recria, reconstrói, reordena e reestrutura, criando uma outra lógica que desafia a lógica formal. Nesse sentido, o imaginário é um processo cognitivo no qual a afetividade está contida, traduzindo uma maneira específica de perceber o mundo, de alterar a ordem da realidade.

O imaginário possui um compromisso com o real e não com a realidade. A realidade consiste nas coisas, na natureza, e em si mesmo o real é interpretação, é a representação que os homens atribuem às coisas e à natureza. Seria, portanto, a participação ou a intenção com as quais os homens de maneira subjetiva ou objetiva se relacionam com a realidade, atribuindo-lhe significados. Se o imaginário recria e reordena a realidade, encontra-se no campo da interpretação e da representação, ou seja, do real.

Quando distinguimos no imaginário o universo da fantasia no qual se encontram o maravilhoso e o fantástico, não pretendemos traçar divisórias ou dicotomias nos processos psíquicos, mas apenas enfatizar com nomes diversos as diferenças em grau dessas distintas atividades do imaginário.

A produção de deuses no imaginário segue o discurso de um real estabelecido pelas interpretações religiosas, da mesma maneira que as ações de dom Quixote seguem os códigos das representações medievais.

A fantasia não propõe apenas outra realidade na qual os objetos estão sujeitos às suas novas regras e normas, mas também ultrapassa as representações sistematizadas pela sociedade, criando outro real. Não deixa de ser real, porque não é ilusão ou loucura, mas uma outra forma de conhecer, perceber, interpretar e representar a realidade. Possui uma lógica própria compartilhada pela coletividade, que desafia a descrença na existência de seres extraordinários e nas experiências insólitas.

INDICAÇÕES PARA LEITURA

O leitor que quiser mais informações sobre esse assunto poderá encontrar nas séries da coleção Primeiros Passos os títulos que tratam das temáticas vinculadas ao imaginário, como magia, mito, religião, umbanda, astrologia, candomblé, vampiro e espiritismo.

O livro *Aprender etnopsiquiatria* (Brasiliense, 1994) de François Laplantine examina a questão do imaginário referida às concepções sobre doença psíquica em diferentes contextos socioculturais.

As obras de G. Bachelard que tratam dos quatro diferentes elementos da natureza — ar, fogo, água e terra — abordam as evocações inspiradas pelas experiências e percepções desses elementos. No livro *O ar e os sonhos* (Martins Fontes, 1994) Bachelard relata, utilizando textos literários de prosa e poesia, as interpretações evocadas pela percepção do movimento contido no ar, que conduz à imaginação do ascender ou da queda, o voo libertador e a vertigem do vendaval. Em *A Psicanálise do fogo*, (Martins Fontes) traduz os simbolismos do fogo, existentes desde as primeiras experiências do homem com esse elemento, vital para a existência da vida cultural.

Discípulo de Bachelard, Gilbert Durand constrói sua teoria do imaginário, marcadamente influenciada pela psicologia analítica de Jung. Em sua obra principal *As estruturas antropológicas do imaginário* (Presença, Lisboa, 1989), Durand formula os pressupostos básicos de sua teoria sobre a imaginação simbólica como construção cultural que emerge das estruturas do inconsciente humano.

Roger Caillois em sua obra *Acercamientos a lo imaginario* (Fondo de Cultura Econômica, México, 1989), aborda os vários estudos realizados pelo movimento surrealista que coloca o imaginário como questão central da experiência humana.

Em relação aos temas que tratam das produções do imaginário como o fantástico, o extraordinário e o maravilhoso, recomendamos a leitura de T. Todorov, *Introdução à literatura fantástica* (Perspectiva, 1992).

Coleção Primeiros Passos
Uma Enciclopédia Crítica

ABORTO
AÇÃO CULTURAL
ADMINISTRAÇÃO
AGRICULTURA SUSTENTÁVEL
ALCOOLISMO
ANARQUISMO
ANGÚSTIA
APARTAÇÃO
APOCALIPSE
ARQUITETURA
ARTE
ASSENTAMENTOS RURAIS
ASTROLOGIA
ASTRONOMIA
BELEZA
BIBLIOTECA
BIOÉTICA
BRINQUEDO
BUDISMO
CAPITAL
CAPITAL FICTÍCIO
CAPITAL INTERNACIONAL
CAPITALISMO
CÉLULA-TRONCO
CIDADANIA
CIDADE
CINEMA
COMPUTADOR
COMUNICAÇÃO
COMUNICAÇÃO EMPRESARIAL
CONTO
CONTRACULTURA
COOPERATIVISMO
CORPOLATRIA
CRISTIANISMO
CULTURA
CULTURA POPULAR
DARWINISMO
DEFESA DO CONSUMIDOR
DEFICIÊNCIA
DEMOCRACIA
DEPRESSÃO
DESIGN
DIALÉTICA
DIREITO
DIREITOS DA PESSOA
DIREITOS HUMANOS
DIREITOS HUMANOS DA MULHER
DRAMATURGIA
ECOLOGIA
EDUCAÇÃO
EDUCAÇÃO AMBIENTAL
EDUCAÇÃO FÍSICA
EDUCAÇÃO INCLUSIVA
EDUCAÇÃO POPULAR
EDUCACIONISMO
EMPRESA
ENFERMAGEM
ENOLOGIA
EROTISMO
ESCOLHA PROFISSIONAL
ESPORTE

Coleção Primeiros Passos
Uma Enciclopédia Crítica

ESTATÍSTICA
ÉTICA
ÉTICA EM PESQUISA
ETNOCENTRISMO
EVOLUÇÃO DO DIREITO
EXISTENCIALISMO
FAMÍLIA
FEMINISMO
FILOSOFIA
FILOSOFIA CONTEMPORÂNEA
FILOSOFIA MEDIEVAL
FÍSICA
FMI
FOLCLORE
FOME
FOTOGRAFIA
GASTRONOMIA
GEOGRAFIA
GOLPE DE ESTADO
GRAFFITI
GRAFOLOGIA
HIEROGLIFOS
HIPERMÍDIA
HISTÓRIA
HISTÓRIA DA CIÊNCIA
HOMEOPATIA
IDEOLOGIA
IMAGINÁRIO
IMPERIALISMO
INDÚSTRIA CULTURAL
INTELECTUAIS

ISLAMISMO
JAZZ
JORNALISMO
JORNALISMO SINDICAL
JUDAÍSMO
LAZER
LEITURA
LESBIANISMO
LIBERDADE
LINGUÍSTICA
LITERATURA DE CORDEL
LITERATURA INFANTIL
LITERATURA POPULAR
LOUCURA
MAIS-VALIA
MARKETING
MARXISMO
MEDIAÇÃO DE CONFLITOS
MEIO AMBIENTE
MENOR
MÉTODO PAULO FREIRE
MITO
MORAL
MORTE
MÚSICA
MÚSICA SERTANEJA
NATUREZA
NAZISMO
NEGRITUDE
NEUROSE
NORDESTE BRASILEIRO

Coleção Primeiros Passos
Uma Enciclopédia Crítica

OLIMPISMO
PANTANAL
PARTICIPAÇÃO
PARTICIPAÇÃO POLÍTICA
PATRIMÔNIO CULTURAL IMATERIAL
PATRIMÔNIO HISTÓRICO
PEDAGOGIA
PESSOAS DEFICIENTES
PODER
PODER LOCAL
POLÍTICA
POLÍTICA SOCIAL
POLUIÇÃO QUÍMICA
POSITIVISMO
PÓS-MODERNO
PRAGMATISMO
PSICOLOGIA
PSICOLOGIA SOCIAL
PSICOTERAPIA
PSICOTERAPIA DE FAMÍLIA
PSIQUIATRIA FORENSE
PUNK
QUESTÃO AGRÁRIA
QUÍMICA
RACISMO
REALIDADE
RECURSOS HUMANOS
RELAÇÕES INTERNACIONAIS
REVOLUÇÃO
ROBÓTICA
SAUDADE
SEMIÓTICA
SERVIÇO SOCIAL
SOCIOLOGIA
SUBDESENVOLVIMENTO
TARÔ
TAYLORISMO
TEATRO
TECNOLOGIA
TEOLOGIA
TEOLOGIA FEMINISTA
TEORIA
TOXICOMANIA
TRABALHO
TRABALHO INFANTIL
TRADUÇÃO
TRANSEXUALIDADE
TROTSKISMO
TURISMO
UNIVERSIDADE
URBANISMO
VELHICE
VEREADOR
VIOLÊNCIA
VIOLÊNCIA CONTRA A MULHER
VIOLÊNCIA URBANA
XADREZ